DES EMPRUNTS

EN 1818.

PAR M. LE DUC DE LÉVIS.

A PARIS,

Chez P. DIDOT, L'AINÉ, Chevalier de l'ordre royal
de Saint-Michel, Imprimeur du Roi,
rue du Pont de Lodi, n° 6 ;

Et PÉLICIER, Libraire, première cour du Palais-Royal,
n°ˢ 7 et 8.

AVRIL 1818.

DES EMPRUNTS

EN 1818.

Que les temps, ou plutôt que les opinions
sont changés depuis la dernière session ! A
cette époque, le crédit étoit chancelant, le succès de l'emprunt douteux ; il étoit même chi-
mérique aux yeux du plus grand nombre. Le
cours des rentes, déjà très bas, menaçoit de
s'avilir encore : les capitalistes n'étoient nullement tentés par les gros intérêts qu'offroit ce
genre de placement ; ils aimoient mieux laisser
leurs fonds oisifs, ou prendre des effets de
commerce au taux le plus bas, que de recevoir
de l'Etat neuf pour cent par an, et de plus la
chance probable d'un accroissement de près
de moitié sur leur capital.

Parmi tous les écrivains qui s'occupoient de
finances, (et jamais il n'y en eut tant) bien
peu croyoient à la ressource des prêts volon-
taires. On s'évertuoit donc à chercher des
moyens d'accroître la masse déjà si accablante

1

des impôts. Les uns proposoient le plus commode, mais aussi le plus fâcheux des expédients, lorsque la contribution, déja trop forte, est inégalement répartie, la création de centimes additionnels. D'autres fouilloient dans les archives de la vieille finance pour en exhumer des taxes repoussées par la raison, quelques unes même condamnées par l'expérience. L'emprunt forcé avoit pour partisans ceux qui ne voyoient pas que c'est un impôt mal déguisé et sujet inévitablement à l'arbitraire. Venoient enfin les hommes à l'imagination vive, aux grands projets : ceux-ci ne prétendoient pas moins qu'à sauver l'Etat sans créer des charges nouvelles, sans emprunts, sans argent : suivant eux, le papier suffisoit à tout ; les millions, les millards naissoient en foule sous leur plume magique. Le commerce, l'agriculture, l'industrie, tout étoit secouru, encouragé ; on satisfaisoit les créanciers, on assuroit le service, on indemnisoit les émigrés ; que dirai-je, en un instant, la France se trouvoit heureuse et libérée. Tous ces plans avoient la même base, mais les moyens varioient à l'infini. C'étoient des banques nationales, royales, des cédules hypothécaires, des billets portant intérêt, d'autres qui n'en portoient point, d'autres même dont la valeur décroissoit chaque jour. Des modèles étoient joints aux projets; non, les feuilles des arbres ne sont pas plus variées dans leurs formes que tous ces papiers gravés, timbrés, chargés de signes de reconnoissances, enfin parfaitement à l'abri de la contre-façon, nullement du discrédit.

En général, on ajoutoit peu de foi à ces magnifiques promesses; les assignats de désastreuse mémoire, sont trop près de nous, et le bouleversement causé par le système a laissé de longs souvenirs. Cependant, il faut le dire, des sophismes répétés de tant de manières et toujours avec assurance, avoient fait impression sur un assez grand nombre de personnes: les unes, cédant à cet heureux penchant qui porte notre Nation à croire ce qu'elle espère, adoptoient avec joie ces brillantes chimères de richesses spontanées, de fortune soudaine : les autres dont la tête étoit plus calme et dont le sens droit répugnoit à ces illusions, se soumettoient avec résignation à ce papier monnoye qu'on leur représentoit comme le seul moyen de suppléer au numéraire qui, disoit-on, alloit s'écouler au dehors par une pente irrésistible.

Cette incertitude dans les opinions augmentoit le discrédit. En effet, les capitalistes étrangers pouvoient, sans être trop méfiants, craindre de prêter leurs fonds à un peuple qui, avec tout son esprit, étoit assez peu avancé, sous le rapport des sciences économiques, pour permettre que l'on traitât sérieusement devant lui une question jugée depuis si long-temps. Quant aux bourses françoises, la seule menace du papier monnoie devoit les fermer : dès qu'il paroît, l'argent s'enfuit ; il suffit même d'en parler pour que le numéraire se cache : ce résultat est inévitable.

Dans ces circonstances difficiles, le Gouvernement et les Chambres ont suivi, avec une dignité ferme et tranquille, l'honorable carrière où la restauration avoit fait rentrer les finances françoises. Les principes de justice et de loyauté ont été constamment professés, et toutes les promesses scrupuleusement respectées. Mais comme les besoins indispensables de l'année dépassoient évidemment la somme que l'on pouvoit imposer, (au moins sans écraser la génération présente, et sans étouffer les gérmes de reproduction) ; on a montré le desir d'en emprunter une partie. En même temps, on publioit avec franchise les charges de la France, on présentoit sans exagération le tableau de ses ressources, on montroit l'excédant qui peut servir de gage à de nouveaux prêteurs, et l'on faisoit sentir que, malgré nos malheurs, la valeur de ce gage étoit encore supérieure à tout ce que pouvoient offrir les autres nations emprunteuses.

Après une discussion longue et approfondie, qui a démontré aux plus incrédules la sincérité de l'administration, le Budget a été adopté, des emprunts ont été ouverts; négociés péniblement, ils ont enfin été remplis. TROIS CENT UN MILLIONS ont été prêtés et versés au Trésor royal, dans l'espace de quelques mois, et maintenant que cette somme énorme est dépensée, et qu'il en faut presque autant pour les besoins de cette année, l'embarras n'est plus de trouver tous ces millions; l'embarras consiste dans le choix des prêteurs. Il faut en convenir: la fortune, cette déesse bizarre, qui se plaît aux événements inattendus, renchérit aujourd'hui sur ses caprices ordinaires, elle se joue des vraisemblances, dément toutes les probabilités, on diroit qu'elle célèbre de longues saturnales.

Le gouvernement est donc sorti de la position embarrassée où il étoit l'année dernière : au lieu d'être réduit, comme il le fut alors, à inviter les capitalistes de tous les pays, à prendre part à ces emprunts où de si gros bénéfices les attendoient, c'est lui qui reçoit les offres ; les propositions lui arrivent de tous côtés, les souscriptions se multiplient au point de dépasser de beaucoup les besoins ; il y a même des solliciteurs d'emprunts, comme il y en a d'emplois et de places ; on ne sait auquel entendre.

D'où peut venir un changement si rapide, si complet ? Qui expliquera cet empressement, cette confiance inespérée ? Avons-nous trouvé un immense trésor ? Auroit-on découvert dans les Pyrénées, dans les Vosges, une de ces mines riches comme celles du Potose ? Quelqu'un de nos fleuves auroit-il commencé tout-à-coup à rouler des sables d'or ? Hélas ! non. Nous sommes, au contraire, plus pauvres que quand on faisoit tant de difficultés de nous prêter ; une année véritablement désastreuse a pesé sur la France ; la récolte des vins, cette source féconde de richesses, la seule qui puisse, depuis la perte de la plus riche de nos colonies, soutenir en notre faveur la balance du commerce, a manqué dans presque toutes les provinces. Les moissons ont également trompé l'espoir du cultivateur, et l'on ne sauroit évaluer au-dessous de cent millions les sommes qu'il a fallu envoyer à l'étranger pour des achats de grains. Tant de calamités éprouvées coups sur coups ont considérablement accru la dette publique. Depuis trois ans, le *grand livre* est augmenté d'un second tome : dans la seule année 1817, trente millions de rentes au capital de 600 millions ont été inscrites, et pourtant il y aura encore un déficit.

Il est malheureusement impossible de contester l'exactitude de ce tableau, qui n'offre rien d'attrayant pour de nouveaux prêteurs; tout ce qu'on peut lui opposer, c'est que le Gouvernement françois ne s'est point laissé abattre par tant de difficultés. Aucune partie du service n'est restée en souffrance : les arrérages de la dette ont même été acquittés avec une exactitude sans exemple, l'amortissement a reçu régulièrement les fonds alloués par la Loi : les alliés ont été payés aux échéances : toutes les promesses ont été ponctuellement exécutées; mais si ces preuves d'ordre et de loyauté honorent l'administration et lui assurent l'estime qui est un des éléments du crédit, elles ne suffisent point pour lui donner cette extension subite que le grand empressement qu'on met aujourd'hui à nous prêter semble indiquer. Examinons donc le fond des choses : dans ces matières délicates, lorsqu'on s'en tient aux apparences, on s'expose à de terribles mécomptes.

Il est évident pour ceux qui sont au courant des affaires et qui réfléchissent, que le gain prodigieux fait par les souscripteurs de l'année passée, est la véritable cause de cette confiance illimitée que les capitalistes semblent nous accorder pour la première fois ; ceux qui ont eu part à ces immenses profits voudraient recommencer, ceux qui sont restés spectateurs espèrent avoir leur tour. Voilà tout le mystère : aucun d'eux ne compte placer, à demeure, des fonds sur l'état ; au cours actuel, ils rapporteroient cependant un intérêt annuel de près de huit pour cent, mais on ne trouve pas que cela soit assez. D'ailleurs on veut une spéculation à-la-fois courte et lucrative. On espère, on s'attend à d'immenses bénéfices, à cinquante, cent pour cent, comme en 1817.

Si l'on doutoit de la justesse de cette explication, il seroit bien facile de s'en convaincre. Proposez à ces mêmes personnes qui demandent avec instance cent mille francs, cinq cent mille francs de rentes dans l'emprunt, de les leur vendre avec des facilités et un peu au-dessous du cours, mais isolément, sur-le-champ la froideur succéde à l'empressement, les offres sont retirées.

Ce seroit donc s'abuser étrangement que de compter sur une concurrence aussi précaire, et ce seroit une haute imprudence que de se reposer, pour le service du Trésor, sur une émission successive de rentes qui bientôt encombreroient le marché. Le cours tomberoit rapidement, et les rachats de la caisse d'amortissement n'arrêteroient pas la marche progressive, ou plutôt la course du discrédit. On le voit : la force des choses nous ramène au mode de l'année dernière. Il faudra encore vendre l'emprunt en masse; mais pourrons-nous, du moins, adopter la marche du Gouvernement anglois, en ouvrant, comme lui, un concours au rabais. La réponse sera également négative. Ce qui est possible à Londres, principal entrepôt des capitaux disponibles de l'Europe, ne l'est point à Paris. Trop peu de maisons de commerce et de banque y offriroient l'immense solvabilité qu'exigent des entreprises de cette importance, pour former plusieurs compagnies. Toute concurrence devient même impossible, parceque les négociants les plus considérés aiment mieux se réunir, pour partager de gros bénéfices sur de foibles avances, que de lutter les uns contre les autres, et d'exposer beaucoup de fonds en obtenant un taux moins favorable. Ainsi, au lieu de ces soumissions cachetées si commodes pour le Chancelier de l'Echiquier, dont elles garantissent la responsabilité, le Ministre des finances françoises est dans la nécessité de faire des conditions de l'emprunt, une sorte de négociation diplomatique, où les parties intéressées mettent d'abord en avant des prétentions trop élevées, et où l'accord final est le résultat de concessions réciproques. La base d'un pareil traité étant évidemment le cours de la rente, et l'horizon politique devenant tous les jours plus serein, nous paierons moins cher cette année : on peut donc assurer, sans craindre d'être démenti par l'événement, que les sommes dont l'Etat aura besoin lui coûteront moins de huit pour cent. Mais il est une considération indépendante du taux de l'intérêt, sur laquelle je crois utile d'insister. Jusqu'ici, en traitant des emprunts, on s'est uniquement occupé de les obtenir au meilleur marché possible, et cela est en effet très important, puisque toute diminution de ce genre équivaut pour les peuples à un dégrèvement d'impôts de pareille somme. Mais, lorsque portant ses vues au-delà du présent, on songe à la conservation, à la reproduction des richesses nationales, on reconnoît bientôt combien il seroit intéressant de fixer en France, d'attacher, pour ainsi dire, *à la glèbe*, les capitaux qui doivent leur existence aux bénéfices des emprunts : tout porte à croire qu'ils seront encore très considérables ces bénéfices, sur les emprunts de 1818 ; et loin d'en gémir avec le vulgaire ignorant, nous regarderons ce résultat comme le signe le plus certain du développement et de la consolidation du crédit ; mais pour empêcher que ces capitaux ne nous échappent, il est indispensable qu'ils soient répartis entre un très grand nombre d'individus. On traiteroit uniquement avec des maisons françoises qu'on ne seroit sûr de rien. Tous ces capitalistes renommés n'ont, pour ainsi dire, qu'un pied en France, l'autre est toujours prêt à se poser en Angleterre, en Suisse, en Hollande, enfin sur le sol étranger. Il en est de même sur tout le Continent; depuis la longue tourmente révolutionnaire qui l'agite, les grandes fortunes mobilières ne prennent racine nulle part; leurs possesseurs encore plus sages que ce philosophe grec qui portoit tout avec lui, sont incessamment aux aguets; à la moindre allarme, ou sur l'espoir d'un nouveau profit, ils déplacent leurs fonds, envoient au-dehors des sommes immenses; la poste emporte tous ces millions invisibles, mais le change baisse, le numéraire s'enfuit, le crédit tombe.

De tels inconvénients ne sont point à redouter de la part des propriétaires et des négociants disséminés dans toutes les provinces de France; leur éloignement de la capitale, leurs occupations habituelles, les écartent des spéculations financières; ils s'occupent peu de combinaisons politiques; ce qui se passe loin d'eux ne les touche guères; et lorsqu'ils possèdent des rentes, pourvu que les arrérages soient payés avec autant d'exactitude que les fermages, ils les gardent sans s'embarrasser de la variation continuelle du cours des effets publics. D'ailleurs, lorsqu'ils déplacent leurs fonds, la nation ne perd rien, l'agriculture ou l'industrie françoise profitent du nouvel emploi.

Il paroît difficile de contester des vérités si simples. Ce qui nous reste à ajouter concerne les capitalistes étrangers : ceux-ci sont dans une autre cathégorie, et ce que nous venons de dire ne sauroit les regarder. Les contributions de guerre et les arrérages des liquidations étrangères nous enlèvent annuellement des sommes si considérables, qu'il est nécessaire d'attirer les capitaux du dehors, lors même que leur présence ne seroit que momentanée; il seroit sans doute à desirer qu'ils restassent en France; déja la douceur du climat, les agréments si vantés de la société, amènent en foule, parmi nous, ceux qui les possèdent; bientôt on verroit s'y fixer beaucoup de ces familles opulentes, si l'on effaçoit de notre Code cette Loi d'aubaine, reste impolitique autant qu'injuste de la barbarie du moyen age. Il est certain que cet obstacle invincible à l'achat des biens-fonds empêche un grand nombre de spéculations rurales qui présenteroient tant d'avantages à des hommes, sinon plus habiles, du moins plus en état que nos cultivateurs

d'accorder à la terre les avances qu'elle récla-
me, et qu'elle rend toujours avec usure. Au
reste, quand tous ces motifs n'existeroient pas,
il seroit encore à souhaiter que ces puissantes
maisons étrangères qui ont déja traité avec
nous, prissent part aux nouveaux emprunts.
La confiance dont elles jouissent auprès d'une
immense clientelle, et même auprès de grands
potentats, rejaillit sur les Etats à qui elles en
accordent. L'expérience a prouvé, en Angleterre comme ici, qu'elles ont l'art de conduire
à bien ces grandes opérations financières dont
naguères l'imagination s'effrayoit : cet art demande le crédit le plus étendu, une prudence
consommée ; un sang-froid imperturbable.
Sur tous ces points, nous sommes encore bien
peu avancés : il est juste de payer l'apprentis-
sage.

Nous avons cherché à présenter la situation
des affaires sous leur véritable point de vue,
et nous croyons avoir démontré que, sous des
apparences brillantes, il se cache des difficultés
réelles, qui méritent l'attention des hommes
d'Etat. C'est après les avoir approfondies que
nous avons essayé de les vaincre, et cependant
nous ne proposons qu'avec une juste défiance

les moyens qui nous paroissent propres à concilier des intérêts beaucoup plus compliqués qu'on ne le pense commmunément : car il faut d'abord présenter aux prêteurs l'espoir très probable de grands avantages, espoir sans lequel on n'obtiendroit pas leurs fonds ; et cependant il ne faut pas que l'Etat paye un intérêt exorbitant. Enfin il est à desirer que les sacrifices auxquels les circonstances nous obligent ne soient pas entièrement perdus pour nous, et que les bénéfices provenant des emprunts servent de nouveau à la reproduction des richesses nationales.

Bases de l'Emprunt.

1° Le Gouvernement détermine le prix auquel il céde la rente, et il indique les époques des paiements.

2° Sur la somme demandée, un sixième est réservé aux capitalistes étrangers, un sixième au commerce de Paris ; les deux autres tiers sont destinés aux propriétaires et aux négociants des départements.

3° Les soumissions sont au moins de mille francs de rentes. En souscrivant, on paye vingt pour cent du montant de la soumission, et l'on dépose des engagements à ordre pour assurer le paiement des autres termes. Ces versements se font directement au trésor, ou dans les caisses des receveurs-généraux.

4° L'emprunt reste ouvert un mois; ce délai expiré, si les soumissions excédent la somme demandée, toutes les soumissions sont réduites proportionnellement, et le surplus du premier terme payé est imputé sur le second.

5° Les cinquante plus forts souscripteurs domiciliés à Paris, nomment parmi eux un comité qui, de concert avec les représentants des capitalistes étrangers, dirige toutes les opérations, et qui en rend compte aux souscripteurs lorsqu'elles sont terminées.

6° Les membres du comité dirigeant sont solidairement responsables envers le Gouvernement de l'exécution de tous les engagements pris par les souscripteurs; pour prix de cette garantie, ils ont droit à une commission d'un pour cent sur le montant des soumissions.

7° Les bénéfices seront répartis en rentes.

Je n'ajouterois rien à cet écrit s'il étoit exclusivement destiné aux personnes versées dans les matières de finance, mais comme mon principal but est de rendre l'emprunt national, c'est-à-dire de faire participer les propriétaires et les capitalistes des départements aux bénéfices qu'il doit procurer, il m'a paru nécessaire de développer les motifs du projet d'emprunt qu'on vient de lire : au moyen de ces éclaircissemens, chacun pourra aisément juger si j'ai réussi à conserver aux prêteurs la chance très probable d'un placement fort avantageux, tout en ménageant les intérêts de l'Etat et en assurant le service du Trésor.

Le premier article du Projet demande peu d'explications ; il est évident que le Gouvernement doit fixer le prix auquel il vendra les rentes, puisqu'il n'existe pas, ainsi que nous l'avons prouvé, de véritable concurrence ; on ne sauroit donc faire de cette négociation un marché au rabais. Il ne nous appartient pas d'indiquer le prix de cette vente. Seulement nous observerons qu'il doit être un peu au-dessous du cours, et que la différence doit être la moindre possible, pourvu que l'on s'assure d'avance qu'il se trouvera suffisamment d'acheteurs à ce taux.

Le second article stipule la réserve du sixième de l'emprunt en faveur des capitalistes étrangers, et d'un autre sixième pour la place de Paris. Cette proportion est nécessairement arbitraire; on peut l'augmenter ou la diminuer sans toucher à la base du Projet; mais on ne doit pas perdre de vue, qu'il est de la dernière importance d'intéresser fortement au succès de l'emprunt, ceux qui possèdent le plus de fonds disponibles, et dont l'influence est si grande sur le crédit.

« On propose par le troisième article de ne pas admettre de soumissions au-dessous de mille francs de rentes. Il est sans doute desirable d'intéresser un grand nombre d'individus dans l'emprunt, mais il seroit à craindre que le recouvrement de petites sommes à recueillir dans toute la France, ne donnât trop d'embarras à ceux qui seront chargés d'en compter au Trésor. A l'égard du paiement de vingt pour cent que l'on exige des souscripteurs au moment de leur soumission, cette précaution a deux avantages : d'abord elle assure le service pendant plusieurs mois, ensuite elle écarte les spéculateurs qui auroient plus de hardiesse que de fonds, et dispense de toute recherche sur la solvabilité des souscripteurs, puisqu'une telle avance est une garantie très suffisante des

retards et des pertes que l'on pourroit éprou-
ver sur les autres termes. Les receveurs-généraux sont les intermédiaires naturels entre le
Trésor et les propriétaires souscripteurs; il est
utile que leurs versements puissent se faire
sans déplacement; il sera même juste de décla-
rer l'Etat garant des quittances que les receveurs-généraux donneront.

Le délai d'un mois fixé par le quatrième
article pour recevoir les souscriptions, est nécessaire à cause de l'étendue du royaume, et
aussi pour donner le temps de réaliser les
fonds du premier paiement : on n'a prévu dans
cet article que le cas probable d'un excédant
de soumissions; s'il arrivoit, au contraire, que
la somme demandée ne fût pas remplie, comme
il y a tout lieu de croire que le déficit porteroit
sur les deux tiers réservés aux départements, il
suffiroit d'accepter les offres qui existent déja
entre les mains de l'administration, et qui dé-
passent de beaucoup la totalité de l'emprunt.

Nous réunissons les observations qui portent
sur les articles V et VI. Il est incontestable
que les bénéfices de l'emprunt dépendent, en
grande partie, de la manière dont le placement
des rentes sera effectué. Les souscripteurs de-

province étant obligés , par leur éloignement, de remettre leurs intérêts entre les mains de ceux qui habitent la capitale, il est naturel que l'on choisisse, parmi ces derniers, ceux qui par leur considération , leur crédit et les capitaux qu'ils mettent dans l'entreprise, peuvent en assurer le succès. Nous avons jugé qu'il étoit indispensable de rendre les membres du comité dirigeant responsables envers le Trésor des engagements de la masse des souscripteurs. C'est le seul moyen d'assurer le service. Cette garantie qui se bornera probablement à avancer quelques termes en retard , mérite cependant une compensation; nous croyons qu'une commission d'un pour cent , seroit juste et convenable.

Le septième article prescrit la répartition des bénéfices en rentes. Ce mode qui a été suivi dans la liquidation du dernier emprunt de 1817, a de grands avantages. L'opération est beaucoup plutôt terminée, puisque le comité a moins de rentes à vendre, et comme cette circonstance est connue du public, le cours se soutient mieux. On objecteroit vainement que cette mesure est illusoire, parceque les souscripteurs vendront eux-mêmes les rentes qui leur seront distribuées. On doit présumer, au contraire, et l'expérience l'a déja prouvé, que très peu de ces rentes seront vendues. Il faut d'abord remarquer qu'il s'agit de profits que l'on n'a jamais besoin de réaliser, et non de revenus nécessaires aux dépenses ordinaires : ensuite, on court plus volontiers les chances de la hausse sur ce qui n'a rien coûté ; car les faveurs de la fortune enflent le cœur humain et le rendent aventureux.

On est en droit de conclure de ces observations, et cette considération est la plus importante de toutes, que cette forme d'emprunt introduiroit plus aisément que tout autre moyen, les rentes sur l'état dans les provinces où elles sont encore si rares. La ponctualité rigoureuse dans le paiement des arrérages ; exactitude dont le Gouvernement actuel sent la justice et apprécie l'utilité, achèvera de dissiper les préjugés contre un genre de placement si commode, et qui s'allie merveilleusement avec les revenus fonciers. Les propriétaires trouveront une aisance habituelle dans cette récolte supplémentaire, qui seule échappe à l'impôt, qui ne craint ni les intempéries des saisons, ni les mortalités des bestiaux, et dont les produits s'accumulent à volonté quand des moissons abondantes dispensent d'en faire usage, enfin qui offre dans un capital réalisable à l'instant, une ressource toujours prête contre les accidents imprévus, et d'autant plus assurée que, par un privilége exclusif, c'est l'unique bien que le vol et l'incendie ne sauroient atteindre (1).

Nous avons indiqué le mode de vendre des rentes qui, dans les circonstances actuelles, nous paroît le plus avantageux. Mais cette forme d'emprunt doit-elle être préférée à toute autre, est-elle absolument la meilleure, c'est ce que nous ne prétendons point décider. La question est importante et cependant nous ne la discuterons pas : le temps manque pour de

____

(1) Ces avantages sont si grands, pour le présent, et pour l'avenir, qu'il seroit à desirer que l'on pût distribuer en rentes, non seulement les bénéfices des emprunts, mais encore que l'on rendît aux souscripteurs leurs avances dans cette valeur, ainsi que cela s'est fait dans le dernier emprunt.

tels débats. Dans la situation où se trouve la France pressée par des besoins impérieux, il seroit insensé de s'écarter d'un système qui a déja pour lui l'autorité décisive d'un succès. D'ailleurs la vogue de l'opinion, ou, s'il faut le dire, la mode qui devroit se contenter d'exercer son empire dans le cercle si étendu des frivolités, fait des excursions jusques dans le domaine de la finance. Aujourd'hui, tout le monde veut des rentes, et ne veut que des rentes. Il seroit donc inutile de lutter contre le torrent. Mais il n'en reste pas moins problématique de savoir si l'on ne feroit pas mieux de payer des intérêts assez forts pour placer l'emprunt au pair, que d'aliéner, par la vente au-dessous du cours de rentes à cinq pour cent, un capital beaucoup plus fort que le Trésor ne le reçoit. En continuant à suivre ce dernier mode, chaque pas que nous faisons vers le crédit renchérit l'amortissement. Dans l'autre système au contraire, quand la confiance renaît, l'Etat en profite, parcequ'il force par la crainte du remboursement, les prêteurs à consentir à une réduction sur leurs intérêts. On pourroit encore discuter la forme souvent usitée en Angleterre, de recevoir, en paiement des emprunts et con-

curremment avec le numéraire, différentes es-
pèces d'effets publics dont la réunion compose ce
qu'on nomme *l'omnium*, ce qui contribue puis-
samment à soutenir la confiance dans les promesses du Gouvernement. On pourroit encore...... mais il y auroit des volumes à écrire
sur ces questions compliquées, sur des plans
qu'on peut modifier de cent manières; et qui
les liroit? N'y a-t-il pas déja plus d'écrivains
que de lecteurs? D'ailleurs, il faut en convenir, la grande affaire du moment, ce qui doit
absorber toutes les attentions, c'est de chercher
les moyens les plus prompts et les plus sûrs,
de sortir enfin de la crise où nous sommes. Mais
aussitôt que notre libération sera consommée,
il faudra (les partisans les plus zélés du
système des rentes en conviennent) clore le
grand-livre dont les proportions sont devenues
si rapidement gigantesques : que les archives
qui le contiennent soient donc irrévocablement
fermées, que la clef soit jetée dans l'abymé, et
que l'ange de la paix y appose le sceau sacré.

FIN.